AF254050

Capitaine Oscar CRISTE

L'ASSASSINAT DES MINISTRES FRANÇAIS A RASTATT

DOCUMENTS NOUVEAUX

TRADUIT DE L'ALLEMAND

PAR

Un ancien Officier supérieur

PARIS

LIBRAIRIE MILITAIRE R. CHAPELOT ET Cᵉ

IMPRIMEURS-ÉDITEURS

30, Rue et Passage Dauphine, 30

1903

Tous droits réservés.

L'ASSASSINAT DES MINISTRES FRANÇAIS

A RASTATT

DOCUMENTS NOUVEAUX

PARIS. — IMPRIMERIE R. CHAPELOT ET Cⁱᵉ, 2, RUE CHRISTINE

Capitaine Oscar CRISTE

L'ASSASSINAT DES MINISTRES FRANÇAIS A RASTATT

DOCUMENTS NOUVEAUX

TRADUIT DE L'ALLEMAND

PAR

Un ancien Officier supérieur

PARIS

LIBRAIRIE MILITAIRE R. CHAPELOT ET Cᵉ

IMPRIMEURS-ÉDITEURS

30, Rue et Passage Dauphine, 30

1903

L'ASSASSINAT DES MINISTRES FRANÇAIS

A RASTATT

DOCUMENTS NOUVEAUX

La remarquable activité qu'un homme aussi éminent que le feldzeugmeister L. von Wetzer avait su communiquer aux officiers sous ses ordres, ne semble pas devoir se ralentir depuis que le général-major Woïnovich a été appelé à occuper la place que, vaincu par la fatigue et l'excès de travail, le feldzeugmeister se décida à abandonner, trop tôt pour tous ceux qui l'ont vu à l'œuvre, comme pour ceux qui ont pu rendre justice à ses rares qualités rien que par les publications aussi belles que nombreuses qui ont marqué son passage à la tête de la Section historique autrichienne. Tout permet heureusement d'affirmer aujourd'hui que le feldzeugmeister von Wetzer a trouvé un successeur digne de lui dans la personne du général Woïnovich.

Placé depuis un an à peine à la tête de cet important et difficile service, le nouveau directeur des Archives impériales et royales de la guerre a évidemment tenu et, qui plus est, a réussi à prouver que la Section historique de l'état-major autrichien continuerait à marcher dans la voie que lui avait tracée son illustre prédécesseur. Il suffit, pour s'en convaincre, de jeter un coup d'œil sur ce que le *Kriegs Archiv* a produit depuis la retraite prématurée du feldzeugmeister von Wetzer.

Aux 5ᵉ et 6ᵉ volumes du magistral travail que la Section historique consacre à l'étude de la *Guerre de la Succession d'Autriche*, au 1ᵉʳ volume de la nouvelle série des *Mittheilungen des K. u K. Kriegs Archivs*, aux deux premiers volumes de la traduction de la *Guerre turco-russe de* 1877-1878, rédigée par la Commission d'histoire militaire du Grand État-Major impérial russe, vient de s'ajouter un nouveau volume des *Mittheilungen des Archives de la Guerre de Vienne*. C'est à ce volume, le 2e de la 3e série, que nous empruntons, grâce à l'autorisation qu'a bien voulu nous donner le capitaine Criste, les quelques documents nouveaux (dont deux sont tirés de nos Archives nationales) qui confirment et corroborent de la façon la plus heureuse l'un des points les plus essentiels de l'intéressante et curieuse étude qu'il avait consacrée à l'assassinat des ministres français à Rastatt.

Un ancien Officier supérieur.

Parmi les pièces qui figuraient dans le livre : *L'Assassinat des Ministres français à Rastatt*, l'une des plus importantes, si ce n'est même la plus importante de toutes, était assurément le protocole de l'enquête de Villingen, ce protocole, qu'on avait pendant si longtemps cherché en vain et qui, encore plus que les autres documents, devait servir et a servi à établir l'innocence des hussards de Szekler, l'inanité des accusations portées contre eux.

L'apparition de ce livre a été diversement accueillie par la critique. A côté de ceux que ces documents avaient convaincus, de ceux auxquels sa lecture avait démontré qu'il était désormais impossible d'admettre en bonne conscience la culpabilité des hussards, on trouvait, il est vrai, des esprits sérieux qui se refusaient à accorder pleine créance aux pièces authentiques qu'on venait de publier pour la première fois. Ainsi, pour ne citer que deux historiens d'une haute valeur, deux des hommes qui ont plus particulièrement étudié et approfondi cette question, alors que le baron von Helfert profitait de la publication de cet ouvrage pour réunir les nombreux et précieux travaux qu'il avait consacrés à l'assassinat de Rastatt, pour déclarer que la question lui semblait désormais tranchée dans un sens négatif, c'est-à-dire qu'on savait désormais que les hussards n'étaient pas les meurtriers, Hermann Hüffer trouvait, au contraire, que le baron von Helfert, tout comme l'auteur du travail en question, avaient tous deux attaché au *protocole de Villingen* une importance que cette pièce lui semblait loin de mériter.

Il semble donc, comme on l'avait d'ailleurs prévu et formellement énoncé dans la Préface de l'*Assassinat des Ministres français à Rastatt,* que si ce dernier travail n'a pas réussi à donner la solution complète de cette inextricable énigme, il a du moins quelque peu contribué à ébranler la foi de quelques-uns de ceux qui croyaient jusque là à la culpabilité des Szekler.

C'est là un résultat qu'il importe de constater, non pas dans l'intérêt des infortunés hussards, — comme affectent de le dire ceux qui ne veulent voir dans ce travail qu'une tentative inopportune de réhabilitation des Szekler, — mais bien dans l'intérêt de la vérité historique, que, à l'instar de tant d'autres, les officiers attachés au *K. u. K. Archiv* ont à cœur de rechercher et d'établir. Il est hors de doute, en effet, que la chose serait élucidée depuis longtemps si, au lieu de s'accrocher à l'hypothèse, de tout temps peu vraisemblable, mais aujourd'hui fortement compromise, en vertu de laquelle les seuls Szekler ont pu se rendre coupables de ce crime, on avait eu dès le principe le soin de suivre d'autres pistes, des pistes qui assurément n'auraient pas abouti au camp de l'escadron du capitaine Burkhard.

Aussi, intimement convaincu que la discussion de nouveaux documents relatifs aux événements du 28 avril 1799 ne saurait amener la découverte des véritables assassins de Bonnier et de Roberjot, ne nous est-il pas venu un seul instant à l'esprit de reprendre ici les appréciations portées sur notre travail, pas plus celles qui nous ont valu des éloges et des encouragements que celles qui, tout en accueillant avec bienveillance la publication de ces pièces inconnues jusqu'à ce jour, n'ont pu toutefois se défendre de juger avec quelque scepticisme la contribution que nous apportions à l'histoire de cet attentat.

Toutefois, comme, probablement à cause des difficultés inhérentes à l'œuvre que nous avions entreprise, on paraît avoir mal compris certaines parties de notre travail, mal interprété certains désirs que nous avions cru devoir formuler, il nous semble indispensable de consacrer quelques lignes à la justification de nos intentions, à l'explication de la méthode que nous avons adoptée.

Quelques critiques nous ont reproché d'avoir fait un usage

exagéré de la polémique. Nous leur répondrons que c'était, à nos yeux, le seul moyen d'exposer clairement une question aussi compliquée que l'assassinat des ministres à des lecteurs moins familiarisés qu'eux avec les nombreux ouvrages consacrés à cet événement ; que nous avons cru utile, indispensable même, de faire passer sous leurs yeux certaines fables qui, primitivement destinées à prouver la culpabilité des hussards, ont été rejetées, il est vrai, plus tard, tout au moins en partie, par les historiens qui les avaient imaginées ; que nous avons été obligé de procéder de la sorte parce qu'il importait de mettre en lumière les arguments spécieux, les indices invraisemblables qui avaient servi de base, de point de départ à l'accusation portée contre les Szekler. S'il nous est, parfois peut-être, échappé quelque mot trop vif à l'adresse de ceux qui ont dépensé jadis tant de zèle, tant d'éloquence en faveur de ces mêmes fables, on nous le pardonnera d'autant plus facilement, nous l'espérons du moins, qu'on n'a pas épargné des critiques bien autrement sévères et cruelles aux rares et courageux écrivains qui osèrent présenter en faveur des Szekler des arguments reposant cependant sur des bases réelles et sérieuses. Pourquoi donc cet accès subit de susceptibilité en présence d'une critique qui n'était, ne pouvait et ne devait être qu'impersonnelle, mais qui ne pouvait cependant s'interdire de faire ressortir l'indiscutable crédulité dont certains historiens ont fait preuve dans ce cas ?

On s'est étonné aussi que nous nous soyons appliqué à mettre en lumière l'attitude manifestement hostile de certains diplomates de ce temps, — et nul cependant ne songe à contester un fait patent, le parti considérable que les adversaires de la politique autrichienne ont tiré du meurtre de Bonnier et de Roberjot. On ne saurait nier néanmoins que la mise en valeur, fort naturelle d'ailleurs, d'un événement aussi foncièrement désavantageux pour l'Autriche, a dû sérieusement contribuer à porter atteinte au caractère même des événements, à modifier leur physionomie et leur aspect? Et l'on voudrait contester à l'auteur d'un travail fait et conçu en dehors de toute arrière-pensée, de toute passion politique, le droit de réagir énergiquement contre certaines tendances qui se sont manifestées au lendemain du crime et de les signaler dans ses critiques ! Croit-on donc que les auteurs de la *Relation authentique* n'ont eu souci que de la *vérité historique* lorsqu'ils ont travaillé à sa rédaction et qu'ils n'ont pas, au contraire, cherché à tirer le plus grand parti possible d'un événement qui, survenu au moment le plus opportun, n'était assurément pas de nature à leur déplaire? Nul n'a été jusqu'à dire qu'ils aient sciemment et volontairement menti; mais il est clair comme le jour qu'ils se sont uniquement appliqués à faire mention, à tenir compte des seules circonstances qui pouvaient charger les hussards.

En relevant ces faits, en appelant l'attention sur eux dans un travail dans lequel nous avions uniquement pour but d'arriver à la reconstitution, à la découverte de la vérité historique, nous n'avons fait, croyons-nous, que remplir notre devoir.

On a même voulu voir dans un simple désir, dans un vœu bien naturel, la manifestation d'un reproche exprimé à mots couverts; on nous a supposé l'intention de porter contre certaines archives l'accusation de se refuser à la communication de documents qu'elles possèdent peut-être et d'où pourrait jaillir la vérité.

Bien souvent, l'historien, nul ne l'ignore, se trouve dans l'impossibilité de consulter les pièces d'archives qui faciliteraient ses études et ses recherches En traçant les lignes qu'on a incriminées, nous ne faisions qu'exprimer le désir bien compréhensible d'appeler l'attention sur un événement sur lequel nous pensions avoir réussi à jeter un jour nouveau, que signaler à la curiosité des chercheurs des documents peut-être encore inédits et inconnus et auxquels on n'avait jusqu'à ce jour attaché aucune importance. Tel était si bien notre véritable désir que nous n'hésitons pas à le formuler à nouveau en nous adressant cette fois, même aux archives particulières qui peuvent peut-être bien renfermer dans leurs papiers de famille, dans leurs correspondances privées, des lettres dans lesquelles rien n'empêche qu'il soit question des événements de Rastatt.

Ce sera probablement le seul moyen de faire la lumière sur cette insoluble énigme, et c'est dans ce but que nous livrons aujourd'hui à la publicité quelques documents complémentaires, sans même nous occuper de considérer s'ils sont ou non favorables aux Szekler.

« Les Autrichiens, écrit Bacher à Rosenstiel, de Francfort, le

                                                         *

7 prairial an vn (26 mai 1799)[1], ont fait graver l'atroce assassinat de Rastatt. Ils ont fait habiller les assassins en émigrés. Il serait nécessaire de faire graver cet événement en France et d'observer le costume des hussards de Szekler, de faire voir dans le lointain le colonel Barbaczy, le capitaine Burkhard et surtout ceux qui étaient derrière le rideau. En faisant répandre cette gravure dans l'intérieur de la France et en m'en faisant parvenir un ballot pour l'Allemagne, on agirait sur les sens extérieurs, ce qui est la bonne manière d'électriser les peuples... »

Si les hussards de Szekler sont réellement les auteurs du meurtre, si c'est du gouvernement autrichien qu'est partie l'idée de représenter dans la gravure les assassins habillés en émigrés, il faudrait en conclure que l'Autriche a voulu par là rejeter sur ces derniers la responsabilité de son crime. Une semblable reproduction du fait par la voie de l'image constituerait un mensonge voulu, intentionnel, dont la tendance ne serait que trop manifeste et dont il importerait de tenir compte en procédant à l'examen critique, à la discussion de l'événement. D'autre part, on ne saurait s'empêcher non plus de blâmer avec une égale sévérité la confection de la gravure que le fameux espion français Bacher désirait voir publier et dans laquelle on aurait représenté non-seulement le colonel Barbaczy et le capitaine Burkhard, mais aussi les instigateurs présumés de l'assassinat, les personnages restés derrière le rideau, l'empereur François, l'archiduc Charles, le ministre Thugut, se réjouissant de l'œuvre criminelle accomplie par les hussards, de reconnaître que la publication de pareille gravure n'est rien moins qu'un mensonge de même nature et contre lequel on ne saurait trop vivement protester. Nous n'avons d'ailleurs reproduit cette pièce, à laquelle on aurait tort de vouloir attacher une importance qu'elle n'a pas, que pour prouver par un nouvel exemple que, dès le lendemain de l'événement, on eut recours à tous les moyens, aux mensonges même les plus prémédités, pour s'en servir contre l'Autriche et en tirer contre elle des avantages politiques.

La pièce suivante, une lettre écrite par un émigré qui fré-

---

[1] Archives nationales, F. III, 236, 59.

quentait chez d'André et Danican, a, au contraire, une réelle importance [1] :

« Au moment où le meurtre fut commis, écrit, le 15 fructidor an XII (6 septembre 1804), cet émigré, dont on n'a pu malheureusement retrouver le nom, M. d'André était à Augsbourg. Il avait autour de lui plusieurs personnes qu'il employait. L'ex-général Danican était du nombre. Celui-ci ne logeait pas dans la ville, mais absolument à la porte, en sorte que, quoique non muni d'une permission, il passait cependant le jour entier dans la ville.

« Un matin, la personne qui donne cette note accompagna une dame de sa connaissance chez la femme de Danican. Celui-ci dit dans la conversation, comme une nouvelle qu'on lui écrivait, que les députés avaient été assassinés par les Autrichiens. Il paraît que cela lui échappa involontairement, car, aussitôt, il éleva un doute sur cette nouvelle, nous engagea à n'en pas parler, parce que cette nouvelle pouvait jeter de la défaveur sur les émigrés que l'on pouvait en accuser. Il mit à cette recommandation une telle adresse et un air de négligence que nous ne songeâmes plus à cela et que nous n'y vîmes aucune importance.

« Le soir même, sur les six heures, il s'était rassemblé chez d'André plusieurs émigrés, au nombre de douze à quinze, qui étaient admis chez lui à cette heure-là. On y prenait du thé ; c'était l'usage de tous les jours, et on y raisonnait toujours politique et on y débitait les nouvelles. C'était là ce qui y attirait. Le rédacteur de cette note faisait partie de ces émigrés.

« Il entra quelqu'un (j'en ai oublié le nom) qui, d'un ton d'importance, s'empressa d'annoncer la nouvelle de l'assassinat des députés (la poste venait d'arriver et tout ce qu'on avait pu savoir jusque-là de cette nouvelle n'avait pu être appris que par des moyens particuliers).

« Cette nouvelle, dite tout haut, attira tous les regards sur celui qui la disait. Mû sans doute par ce que d'André en avait dit le matin, je jetai les yeux sur lui sans autre motif et je le surpris regardant le général Danican, qui de son côté le regardait. Ce regard réciproque me parut un regard d'intelligence qui sem-

---

[1] Archives nationales, F. 7. 6288. Note relative à l'assassinat des plénipotentiaires français à Rastatt.

blait dire : « Voilà le moment. Voyons sur qui tomberont les
« soupçons. »

« On n'est pas maître de croire ou de ne pas croire ; mais, dès
ce moment, il ne me resta aucun doute que d'André et Danican
ne fussent les auteurs du crime commis à Rastatt. Je crois que
Wickham était alors à Augsbourg ; mais je ne m'en souviens pas
positivement.

« Je pris quelques informations et je sus que Danican s'était
absenté, je crois, trois jours avant celui où fut commis l'assassinat. A la vérité, il avait reparu à une époque très rapprochée
du jour du meurtre ; mais je calculai pourtant qu'on avait pu
prendre des moyens pour le ramener de Rastatt à Augsbourg
dans cet espace de temps.

« On parla tous les jours et longtemps de cette nouvelle. Chaque
fois qu'on en parlait chez d'André, je croyais remarquer qu'il en
parlait avec une adresse étudiée, et Danican, de son naturel très
bavard et causant beaucoup, en parlait d'une manière, puis
d'une autre, en sorte que l'inconséquence de ses propos pouvait
être également le résultat de son bavardage ou une manière de
ne pas laisser pénétrer sa façon de penser.

« Il paraîtrait que Danican avait eu des affidés qui, vêtus d'uni-
formes de hussards de Szekler, avaient exécuté l'entreprise et
que lui-même avait d'abord attaqué Jean Debry, si j'en juge par
le jargon, moitié français, moitié allemand, que l'on dit avoir
été employé en apostrophant Jean Debry.

« Les agents alors employés en chef par l'Angleterre et par
Louis XVIII étaient réunis à Augsbourg : c'étaient d'André, un
abbé qui n'en portait pas le costume, que je crois être né en
Savoye, dont le nom était André, mais qui était connu sous le
nom d'abbé de Lamarre, M. de Vezet et M. de Précy. Ces deux
derniers étaient plutôt les agents du comte de Lille (Louis XVIII),
et les deux premiers l'étaient plus particulièrement de l'Angleterre.

« Ils étaient bien censés tous les quatre n'être que les agents du
comte de Lille, et l'Angleterre ne faire et ne payer que ce que le
comte de Lille décidait ; mais il n'en était rien, et, quoique cette
agence s'assemblât assez fréquemment alors, elle ne marchait
pas du même pied. D'André décidait tout. Il était assez d'accord
avec l'abbé de Lamarre et l'on cachait aux deux autres habituel-
lement ce qu'il y avait de plus important, et, comme le résultat

des conférences de cette agence était envoyé à Mittau, il en résultait que le comte de Lille était trompé et que d'André, l'abbé de Lamarre et Wickham, avec l'air de la franchise, n'en avaient aucune. D'ailleurs, ils se sentaient bien supérieurs en moyens pour intriguer et en esprit aux deux autres agents et avaient à cet égard pour eux une sorte de mépris, qu'ils laissaient bien apercevoir. Il est certain que MM. de Vezet et de Précy, et, par conséquent, le comte de Lille, n'ont jamais été instruits de la vérité sur les coupables de l'assassinat de Rastatt et qu'ils n'y ont pas du tout participé.

« Si ce n'était pas Wickham qui était alors à Augsbourg, c'était un M. Talbot; mais je crois que c'était Wickham.

« Je n'ai aucune autre preuve à donner. On voit que c'est une simple conjecture de ma part; mais je suis resté *persuadé*. Je n'en ai jamais parlé à personne.

« *Nota*. — Je me rappelle encore avoir ouï raconter l'aventure de Rastatt avec trop de vérité sur les détails et les circonstances par les personnes soupçonnées pour que mes soupçons ne soient pas accrus ».

Sans constituer une preuve, cette lettre n'énonce qu'une présomption, ne formule qu'un soupçon, mais un soupçon si fortement ancré dans l'esprit de cet émigré qu'il est impossible d'admettre qu'il ait ajouté la moindre créance aux « preuves » écrites ou gravées qui, parvenues à sa connaissance, devaient établir la culpabilité des hussards. N'est-il pas absolument remarquable, presque même probant, de voir précisément un émigré, en relations avec d'André et Danican, intimement convaincu que ces deux personnages ont trempé dans l'affaire et que Danican lui-même est un de ceux qui ont perpétré le crime? N'est-il pas curieux et intéressant de constater que, juste au moment où se commettait le meurtre, Danican *avait disparu* d'Augsbourg; que d'André reçut la nouvelle de l'assassinat de Bonnier et de Roberjot avant que la poste ne fût arrivée à Augsbourg, avant que personne n'en eût eu vent; enfin, qu'il ait cru nécessaire de recommander la discrétion et le silence à ses amis « parce que l'on pourrait sans cela incriminer les émigrés »?

Les émigrés! Mais, s'il faut en croire le document capital, la *Relation authentique*, on avait déjà, dès le 28 avril 1799 au soir, établi de façon absolument certaine que seuls les Szekler et rien que les Szekler avaient commis le crime ! Malgré cela, d'André, qui reçoit le premier de tous à Augsbourg la nouvelle de l'attentat, qui la reçoit par voie spéciale, soit par un courrier expédié à cet effet, soit par Danican lui-même, n'en reconnaît pas moins la nécessité d'inviter ses amis à n'en rien dire. Puis, peu à peu, d'André et plus encore le bavard Danican se mettent à raconter des détails de l'événement, des détails qui stupéfient l'auteur de la lettre, parce qu'ils ne peuvent être connus que de ceux qui ont été présents sur le théâtre du crime.

Sans vouloir attribuer à cette lettre une importance qu'on pourrait taxer d'exagération, il nous semble pourtant qu'en la joignant et en la comparant aux présomptions, suppositions et hypothèses dont l'histoire de l'assassinat des ministres est déjà si richement pourvue, on en tirera au moins une preuve incontestable, celle que, au lendemain de l'événement, on était loin de croire en tous lieux à la culpabilité des hussards. Cette lettre est, en tout cas, un document précieux en ce qu'elle fournit un élément sérieux de réfutation critique de la *Relation authentique*.

Nous publierons maintenant une autre pièce, dont nous devons la communication à un officier aussi connu par ses beaux faits d'armes que par ses nombreux travaux d'histoire militaire, au lieutenant-colonel Amon von Treuenfest.

Voici ce que raconte le lieutenant-colonel :

« En publiant, en 1878, l'historique du régiment impérial et royal de hussards n° 11, aujourd'hui régiment du prince-Joseph de Windischgrætz, mais qui, de 1762 à 1858, a été le régiment des confins militaires des hussards de Szekler, je disais, page 182, en parlant de l'assassinat des ministres français à Rastatt, le 28 avril 1799 : « On peut affirmer de façon positive que les hus-
« sards de Szekler n'ont pas été les auteurs du crime. » Et j'ajoutais en note : « L'auteur de cet historique a eu l'occasion, il y a
« trente ans, de recueillir à ce propos des informations qui lui
« ont été fournies par des témoins encore vivants à cette époque
« et se réserve de livrer en temps opportun à la publicité la
« partie de ces témoignages qui a trait à l'historique de ce régi-
« ment. »

« L'heure a sonné maintenant, puisque la publication de pièces, tenues secrètes jusqu'ici, m'a prouvé que mes interlocuteurs avaient conservé le souvenir fidèle des faits et m'avaient dit la vérité.

« Promu, le 1er mai 1845, après quatre ans de service en qualité de cadet au régiment d'infanterie de ligne n° 31, comte Leiningen Westerburg, au grade de sergent-major et envoyé à la division de grenadiers en garnison à Hermannstadt (Transylvanie), j'y fis, peu de temps après mon arrivée, la connaissance d'un maréchal des logis-chef des hussards de Szekler venu dans cette ville pour y régler quelques affaires et auquel j'accordai avec plaisir, sur sa demande, l'hospitalité dans la chambre que j'occupais à la caserne. La médaille d'argent pour la valeur et la croix du mérite militaire brillaient sur sa poitrine, et, malgré son âge avancé, il était encore très robuste, puisqu'il était venu à pied de son pays jusqu'à Hermannstadt. Je lui tenais volontiers compagnie le soir et nous parlions naturellement de ses campagnes, des batailles et combats auxquels il avait assisté et qui présentaient tant d'intérêt pour un jeune soldat tel que moi Au cours de ces causeries, il me raconta que son entrée au régiment avait été pour lui l'époque la plus malheureuse et la plus effroyable de sa vie. Comme plusieurs de ses camarades, il avait été, quoiqu'innocent, accusé, lui aussi, de vol et de meurtre, et avait été emprisonné pendant un temps assez long avant d'être enfin rendu à la liberté. Comme l'assassinat des ministres français à Rastatt, dont mon père avait souvent parlé devant moi quand j'étais enfant, avait été, disait-il, la cause de son incarcération, je priai mon ancien de me narrer dans le plus grand détail et le plus exactement possible tout ce qui lui était arrivé, tout ce qu'il avait vu à ce moment. Il me répondit que ses souvenirs étaient aussi précis, aussi vivants que si l'événement était survenu la veille.

« J'avais été enrôlé au commencement de l'année 1799, me raconta-t-il alors, et je me rendis avec un détachement à mon régiment, que je rejoignis en Allemagne, où je fus versé au 1er escadron du colonel, qui se recrutait parmi les gens de mon pays. Depuis la guerre contre les Turcs, cet escadron était sous les ordres du capitaine Burkhard, un des plus anciens officiers du régiment, très sévère dans le service, mais malgré cela très paternel envers ses subordonnés et, par suite, très aimé de ses

soldats. Burkhard, quoique né en Allemagne, avait servi si longtemps au régiment qu'il parlait parfaitement le hongrois. Il
était tellement au fait de nos mœurs et de nos coutumes, qu'on
n'aurait pas pu le distinguer d'un véritable Szekler.

« Peu de temps après mon arrivée, l'escadron reçut l'ordre
de marcher sur Rastatt et d'occuper cette ville, parce qu'on
avait appris que les Français postés sur l'autre rive du Rhin
méditaient de s'y installer par surprise. A Rastatt, l'escadron
s'établit au bivouac devant la porte de la ville et l'on se mit aussitôt à faire la soupe. On donna à manger aux chevaux et on
poussa quelques patrouilles jusqu'au Rhin, dont notre bivouac
était peu éloigné. Vers le soir, on m'envoya vers le Rhin en
compagnie de plusieurs hussards, sous les ordres du brigadier
Moïse Nagy, bien connu pour sa bravoure, avec la mission de
surveiller les mouvements de l'ennemi et d'en rendre compte
immédiatement. (La réputation de bravoure du brigadier Moïse
Nagy était pleinement justifiée Le 23 septembre 1795, au combat
de Handschuchsheim, dans lequel les Szekler contribuèrent effi-
cacement à la victoire des Autrichiens, Nagy avait, rien qu'avec
six hussards, chargé une batterie ennemie, enlevé deux canons,
mis en fuite les servants et ramené douze Français prisonniers.
Ce fait d'armes avait valu à Nagy la médaille d'argent pour la
valeur.)

« Il faisait un temps épouvantable. La pluie et la neige tom-
baient sans interruption. Nous explorâmes les bords du Rhin
sans apercevoir le moindre bateau, sans remarquer rien de sus-
pect. Lorsque le soir vint, l'obscurité était si profonde qu'on ne
pouvait même pas reconnaître son voisin.

« Notre mission étant achevée, nous nous reportâmes vers
l'escadron par la route qui mène à la ville. J'étais d'avant-garde
avec un camarade, précédant de peu le brigadier, que suivait à
un intervalle un peu plus grand le reste de la patrouille. Nous
marchions au pas, lorsque, à un tournant du chemin, nous
vîmes venir vers nous plusieurs torches allumées. Nous nous
entretînmes de cette apparition, ne pouvant comprendre comment, surtout par un temps pareil, quelqu'un pouvait songer à
passer le Rhin de nuit. Nous n'avions pas quitté des yeux les
torches, qui continuaient à s'approcher, lorsque nous les vîmes
tout à coup s'arrêter, puis s'éteindre, à l'exception d'une seule.

Puis aussitôt nous entendîmes du bruit, des cris, des appels de secours. Convaincus que les Français avaient pourtant réussi à passer le Rhin et qu'ils exécutaient un coup de main, le brigadier commanda : *Sabre... main!* et : *Au trot... marche!* et nous nous portâmes rapidement vers le théâtre de la surprise.

« Arrivés sur les lieux, nous aperçûmes, à la lueur de la torche qui brûlait encore, plusieurs voitures arrêtées en file ; nous vîmes plusieurs formes sauter comme des ombres le fossé de la route et disparaître dans la forêt. Le brigadier Nagy nous ordonna aussitôt de les poursuivre et de les ramener[1]. Mon camarade et moi nous sautâmes le fossé et nous entrâmes dans le bois. Mais, arrêtés par l'épaisseur du taillis, nous ne pûmes avancer, et, comme l'obscurité nous empêchait de découvrir un chemin, force nous fut de revenir sur la route et d'annoncer au brigadier qu'il nous avait été impossible de pénétrer dans le bois.

« Pendant ce temps, les porteurs de torches et d'autres gens qui avaient commencé par s'enfuir étaient revenus. On avait rallumé les torches et nous aperçûmes à côté des voitures deux corps horriblement mutilés qui gisaient morts sur la route. Les individus qui étaient revenus étaient pétrifiés par l'épouvante. C'étaient des Français ; il nous était impossible et de nous faire comprendre d'eux et d'en tirer le moindre renseignement relatif à l'attentat et à la scène du meurtre. Comme les femmes restées dans une voiture arrêtée à côté d'un des cadavres ne cessaient de se lamenter et de crier, le brigadier Nagy se donna toutes les peines du monde pour les rassurer et leur faire comprendre que nous étions des hussards impériaux et que notre apparition avait fait fuir les assassins. Mais tous ses efforts furent inutiles. Ce fut seulement lorsque, pour leur prouver ses intentions pacifiques, il leur tendit sa *csuttera*[2] pleine de vin, qu'elles refusèrent d'ailleurs de boire, qu'elles se calmèrent un peu[3].

« Plusieurs personnes, et parmi elles un officier supérieur allemand, arrivèrent un peu plus tard de Rastatt, où nous retournâmes alors.

---

[1] Cf. Déposition du brigadier Nagy. (*L'Assassinat des ministres français à Rastatt*, p. 274 et 275.)

[2] Gourde de campagne en bois dont on se sert en Transylvanie.

[3] Cf. Récit fait par Mlle Debry.

« Dans l'intervalle, le brigadier Nagy avait déjà envoyé un hussard au capitaine Burkhard pour l'informer de l'événement. A notre arrivée au bivouac, le capitaine nous y attendait avec les officiers, et, lorsque le brigadier Nagy lui eut fait un rapport détaillé, on nous soumit tous à une visite minutieuse, mais sans rien trouver, puisqu'aucun de nous n'avait touché aux voitures. On inspecta surtout très attentivement les sabres et les manteaux, car, si l'un de nous avait mis les morts dans cet épouvantable état, on aurait sans aucun doute relevé des traces de sang sur ces objets, dont on constata au contraire l'absolue propreté.

« Le lendemain, un officier de l'escadron conduisit le convoi des voitures au bac du Rhin. Le ministre, qui vivait encore et qui, après avoir reçu un léger coup de sabre, avait fait le mort et s'était enfui dans le bois, remercia l'officier et donna une gratification aux hussards qui nous le racontèrent à leur retour, et, après cela, nous considérions l'affaire comme terminée.

« A notre surprise et à notre épouvante, lorsque notre escadron rentra au régiment, on nous enleva, par ordre supérieur, nos armes et nos chevaux ; on nous emmena sous escorte à Villingen, on nous arrêta et on nous attribua la solde et la ration des prisonniers. Il était désormais évident pour nous qu'on nous considérait comme les meurtriers des ministres, qu'un triste sort nous attendait, puisqu'on avait mis à l'ordre de l'armée, et bien entendu du régiment, que tout homme convaincu de vol ou d'assassinat serait fusillé dans les vingt-quatre heures. Malgré cela, le sentiment de notre complète innocence, qu'on finit enfin par reconnaître et qui finit par être démontrée, nous soutint tous jusqu'au bout.

« Après l'arrivée à Villingen d'une commission chargée de faire une enquête judiciaire, on nous fit comparaître séparément. Mais, au lieu d'être interrogés par l'auditeur de notre régiment qui parlait hongrois, nous eûmes à répondre à un capitaine auditeur d'un régiment allemand, auquel on avait adjoint un interprète.

« Nous racontâmes tous et en détail ce que nous avions vu et entendu, et quelle avait été notre attitude dans cette affaire. On entendit également notre capitaine et les officiers de l'escadron, et même notre commandant de régiment, le colonel Barbaczy. Tout permettait de croire que, grâce à cette instruction, on devait avoir acquis la conviction que nous n'étions pas les assassins.

« Malgré cela, nous restâmes encore longtemps en prison. On nous remit enfin en liberté; on nous rendit nos armes et nos chevaux[1], et on nous fit rentrer dans notre pays sous la conduite du brigadier Nagy, que, pour le récompenser de ses loyaux services, pour le dédommager de la longue et injuste détention qu'on lui avait fait subir, le colonel promut maréchal des logischef.

« Nous traversâmes l'Allemagne et la Bohême, où nous restâmes quelque temps, puis l'Autriche et la Hongrie et enfin la Transylvanie, où, quand nous fûmes rendus dans notre pays, à la station de notre escadron, à Ditro, on nous libéra immédiatement du service et on nous renvoya dans nos foyers. »

« Le lendemain, ajoute encore le lieutenant-colonel von Amon, j'invitai le maréchal des logis chef à la table des sous-officiers. Il y fut salué et fêté par un de ses compatriotes, sergent-major à la division de grenadiers du régiment d'infanterie baron Tursky n° 62. (Le bataillon de grenadiers se composait des divisions des régiments comte Leiningen n° 31, archiduc Charles-Ferdinand n° 51, et baron Tursky n° 62.) Pendant le dîner, on reparla de l'assassinat de Rastatt et le sergent-major nous raconta que le frère de son père avait, lui aussi, fait partie de la patrouille du brigadier Nagy, qu'il avait souvent parlé de cet événement et même qu'il avait, peu de temps avant sa mort, déclaré qu'il voulait jurer sur son salut éternel que les hussards de Szekler, loin de commettre ce crime, avaient au contraire fait fuir les assassins et sauvé la vie des survivants. Ce sous-officier raconta les faits tels que son oncle les lui avait souvent narrés et son récit fut en tous points semblable à celui que m'avait fait le maréchal des logis-chef.

« Connaissant l'intérêt que mon père, grand ami du capitaine auditeur qui avait conduit l'instruction[2], portait à tout ce

---

[1] Les chevaux des hussards des confins militaires étaient la propriété personnelle de ces cavaliers.

[2] Le père du lieutenant-colonel von Amon avait servi longtemps au régiment d'infanterie Kerpen, auquel apppartenait, on le sait, le capitaine auditeur Pfiffer. (Cf. *L'Assassinat des ministres français à Rastatt*, p. 243.)

qui avait trait à l'assassinat des ministres, dont il m'avait parlé tant de fois, je lui écrivis, à lui qui, après avoir fait depuis l'année 1800 toutes les campagnes contre la France, avait pris sa retraite comme major et résidait à Sanct-Pölten, ce que venaient de me communiquer les deux Szekler. Mon père me répondit qu'à la suite de l'enquête l'auditeur avait été absolument convaincu de l'innocence des Szekler ; que l'assassinat n'avait été qu'un acte de vengeance prémédité et admirablement préparé, puisque les meurtriers avaient parlé français et que l'idée d'en accuser les Szekler était due au changement imprévu et si rapide qui s'était produit sur le théâtre même de la scène. Le crime avait été commis en quelques instants, et les assassins allaient commencer à piller au moment où l'apparition des Szekler les obligea à s'enfuir précipitamment dans le bois, où, comme les faits l'ont prouvé, les hussards devaient être dans l'impossibilité de les joindre.

« Il me semble résulter de tout ce qui précède qu'en écrivant l'histoire de ce beau régiment, j'avais bien le droit d'affirmer que les hussards de Szekler n'avaient pas commis l'assassinat de Rastatt. »

Le caractère et la réputation du personnage auquel nous devons cette intéressante communication devraient suffire pour en augmenter l'importance et la valeur. Elle émane, en effet, d'un ancien officier supérieur, respecté de tous, déjà âgé il est vrai, mais en pleine possession de toutes ses facultés intellectuelles, d'un ancien officier supérieur qui continue à travailler avec une remarquable activité et qui a eu l'occasion de s'entretenir de l'événement avec un homme qui a vu les cadavres mutilés et encore chauds de Bonnier et de Roberjot, avec un homme qui a entendu les cris de désespoir des femmes.

Le récit du vieux hussard concorde en tous points avec les interrogatoires des accusés. Mais, de même que l'on a contesté l'authenticité, la valeur réelle du « protocole de Villingen », de même aussi on se refusera peut-être à ajouter foi au récit du hussard.

Ceux qui doutent de l'exactitude du « protocole de Villingen » pensent évidemment, les uns que les hussards ont nié leur participation au crime dans la crainte d'être punis, d'autres que leurs faux témoignages leur ont été dictés et imposés par leurs supérieurs. D'autres enfin dénient toute valeur à ce protocole, parce qu'à leurs yeux ce document est faux, parce qu'ils le considèrent comme l'œuvre de l'auditeur; parce que, d'après eux, on a dû anéantir le véritable protocole, la pièce qui, établissant la culpabilité des hussards, faisait connaître également les mobiles, les motifs qui les avaient incités au crime.

Un seul coup d'œil suffit pour démontrer l'inanité de cette dernière appréciation. N'est-il pas évident, en effet, que si l'on avait confectionné un faux protocole destiné à prouver l'innocence des hussards, on se serait hâté de le livrer à la publicité ? On n'en a rien fait. Il y a donc eu d'autres raisons pour garder le secret sur cette pièce, et ce sont ces raisons mêmes que nous avons fait connaître dans notre travail. Sous l'influence de la communication que lui avait faite son chef d'état-major, de cette communication que nous avons reproduite dans notre première étude, l'archiduc Charles ne croyait pas à l'exactitude, à la sincérité des dépositions, et sa droiture s'opposait à la publication d'un protocole dont la vérité lui paraissait contestable, douteuse.

Mais, malgré tout, il est hors de doute que le « protocole de Villingen » n'a pas été fabriqué pour les besoins de la cause. Restent donc les deux autres hypothèses, le mensonge spontané des hussards ou la pression exercée sur leurs dépositions par leurs supérieurs.

En admettant pour un moment que ces hypothèses, que nous avons cherché à détruire par des preuves lors de la publication de notre livre, puissent être admises, il convient toutefois aujourd'hui de se poser à ce propos une nouvelle question : « Sont-ce les mêmes causes qui, longtemps plus tard, nombre d'années après l'événement, ont pu pousser le vieil hussard à dénier toute participation au crime, lors de la conversation toute intime qu'il eut avec le cadet von Amon ? »

On pourrait peut-être prétendre, dans le premier cas, que la crainte d'être à nouveau poursuivis a décidé les hussards à persister dans leurs dénégations, et, dans le second cas, qu'on leur avait arraché par les menaces les plus épouvantables la promesse de nier jusqu'à leur mort le crime qu'ils avaient accompli par ordre.

Mais peut-on croire sérieusement qu'un pareil souci, que des menaces déjà si anciennes aient conservé toute leur force pendant tant d'années, aient pu les obséder pendant toute leur vie? N'est-il pas, au contraire, plus naturel de penser que le vieillard a éprouvé le besoin de dire la vérité sur une action qu'il aurait commise dans sa jeunesse, soit avec horreur, soit par cruauté ou cupidité, soit librement et volontairement, soit par ordre ; qu'il a éprouvé le besoin de dire la vérité, soit pour se vanter de ses hauts faits, soit pour soulager sa conscience d'un poids qui devait lui peser d'autant plus lourdement qu'il s'approchait davantage du tombeau?

Et voilà précisément ce vieillard qui a la bonne fortune de se rencontrer avec un homme pour lequel il éprouve une réelle sympathie, qu'il respecte parce qu'il est son supérieur, mais qui ne saurait, en raison même de sa grande jeunesse, l'intimider ; avec un homme auquel il peut confier les souvenirs de sa vie de soldat, avec toute la joie, toute la satisfaction qu'éprouve toujours un vétéran heureux de voir un jeune militaire écouter avec admiration ses récits de campagne. Or, lorsque le vieillard en vient à la narration de cette nuit de carnage, qui donc était là pour le pousser à dire que lui et ses camarades avaient été injustement accusés ; quel mobile, quelle raison l'obligeait à narrer tout le drame à son jeune auditeur? Si ce souvenir lui était pénible, ne dépendait-il pas de lui de n'en pas parler ou seulement de l'effleurer ? Si, au contraire, sa conscience était en repos, puisqu'il n'aurait fait qu'agir par ordre, ne lui suffisait-il pas de dire, en raison même de l'impression qui lui serait restée : « Oui, nous les avons tués, ces....., parce qu'on nous l'avait ordonné. » Ne pouvait-il pas enfin, pour des raisons qu'il est inutile d'énoncer, inviter son jeune camarade à garder le silence et à ne pas parler de ses révélations ? Le cadet von Amon se serait naturellement bien gardé de mentionner dans son Journal le récit du vieux soldat.

Enfin, que dire de cet autre vieil hussard qui, sur son lit de mort, se déclare prêt à jurer que lui et ses camarades sont innocents du crime dont on les a soupçonnés ? A-t-il menti, lui aussi ?

Des hommes simples, comme le sont les Szekler, craignent tout ce qui est au delà de cette vie bien plus que des hommes à l'esprit cultivé, qui trouvent toutes sortes de prétextes pour emporter avec eux leur secret dans l'éternité ; ils tremblent bien plus qu'eux à la pensée de se présenter devant le Juge suprême avec une grosse faute sur la conscience.

Pour s'en convaincre, il suffit d'entendre le lieutenant-colonel von Amon raconter comment le vieux hussard, le vétéran accusé d'assassinat et incarcéré de ce chef pendant plusieurs mois, levait les mains, s'écriait et affirmait : « Nous étions innocents ! »

Doute alors qui le voudra, qui le pourra, de l'exactitude de ce récit. Quant à nous, nous croyons fermement à la sincérité, à la véracité du vieux Szekler.

Paris. — Imprimerie R. Chapelot et Ce, 2, rue Christine.

76

PARIS. — IMPRIMERIE R. CHAPELOT ET Cᵉ, 2, RUE CHRISTINE.

www.ingramcontent.com/pod-product-compliance
Lightning Source LLC
Chambersburg PA
CBHW051340060726
47596CB00004B/1703